Paul-Gabriel d'Haussonville

Socialisme d'État et socialisme chrétien

Politique

ISBN : 978-1721685011

10 9 8 7 6 5 4 3 2 1

Paul-Gabriel d'Haussonville

Socialisme d'État et socialisme chrétien

Politique

Table de Matières

Introduction

Pourquoi aurait-on peur des mots, surtout quand ils ne veulent rien dire ? Le mot socialisme est aujourd'hui de ceux-là. Il n'en allait pas ainsi, voilà quelque cinquante ans ; toute la génération d'alors savait parfaitement ce qu'elle entendait dire lorsqu'elle parlait de socialisme et de socialiste. Le socialisme théorique était la mise en commun des instruments de production, quels qu'ils fussent, outils ou capital, et la répartition par tête du produit. Le socialisme pratique était la confiscation des biens et le partage égal. Nos paysans, en 1848, appelaient les socialistes des *partageux*, et c'est la crainte des *partageux* qui a amené la réaction de 1852, avec tout ce qui s'en est suivi. Aujourd'hui nous avons changé tout cela. Les partageux d'autrefois sont dits aujourd'hui collectivistes ou anarchistes. Le nombre en a beaucoup diminué et pour le moment, ils ne sont guère menaçants. Quant au mot socialiste, il signifie… mais au fait, qu'est-ce que ce mot peut bien signifier ? Il est assez malaisé de le dire, tant il en est fait d'applications diverses dans le langage de la polémique courante. On décerne aujourd'hui l'épithète de socialiste aux hommes qui font profession des opinions les plus diverses, et ce qui n'ajoute pas médiocrement à la confusion, c'est que les uns repoussent cette épithète, tandis que les autres s'en font gloire. Quoi qu'il en soit, une chose est certaine : c'est que le mot a perdu la signification violente et un peu blessante qu'il avait autrefois. Il ne faut donc pas jeter cette qualification comme une injure à la tête des gens, et il faut, au contraire, laisser libres de s'en parer ceux qui n'y voient pas d'inconvénient. Ce que je me propose, pour l'instant, c'est de déterminer en quoi consiste le socialisme contemporain, le socialisme français, mais cela même n'est pas absolument facile. Pour très peu de ses adeptes, le socialisme est en effet un corps de doctrine auquel on puisse se prendre, pour le discuter et lui donner ou lui refuser ensuite son adhésion. Pour le plus grand nombre, ce n'est qu'une tendance et un état d'esprit. Pour quelques-uns, c'est une mode. A travers toutes ces nuances il est assez malaisé de discerner ce qu'est au juste le socialisme de nos jours. Le meilleur moyen d'y parvenir est de rechercher d'abord les origines de ce mouvement des esprits, car cette recherche nous aidera à en prévoir les conséquences ; mais si par aventure on méritait l'honneur ou l'on courait le risque d'être appelé socialiste, à la seule condition de penser que ces questions d'où dépend l'existence de milliers d'êtres humains sont les plus passionnantes de toutes, et que leur attrait douloureux est de ceux dont on ne peut se déprendre quand il s'est emparé de vous, eh bien, à ce compte, socialiste je suis, mais à ma manière qui sera, je le crains, celle de très peu de personnes.

Section I

Le socialisme français a plus d'une origine, et les causes qui lui ont donné naissance sont multiples. Au rang des premières, il faut inscrire le découragement de la liberté qui a envahi les âmes et qui rend cette fin du siècle si différente de ses débuts. Pauvre liberté ! que de terrain elle a perdu depuis le temps où son nom s'écrivait avec une grande lettre, comme autrefois le Roi, comme aujourd'hui la République ! Les protes lui ont retiré cette majuscule et ils ont bien lait, car elle est l'emblème de la souveraineté, et la liberté ne règne plus sur les domaines qui lui appartenaient autrefois sans conteste.

Il y a toujours harmonie dans le monde des idées abstraites ; si éloignées que puissent paraître les sphères où elles habitent, il y a toujours des unes aux autres pénétration réciproque et inévitable contagion. En philosophie, une école nouvelle a remplacé l'ancienne école spiritualiste, qui avait inscrit la liberté humaine au nombre de ses principaux dogmes. Au dire de cette école, dont les disciples sont si nombreux qu'à peine on ose les contredire en face, le sens intime de la liberté, qui est si fort chez l'homme, devrait être rangé au nombre de ses illusions. Chaque mouvement de notre volonté serait déterminé par des mobiles secrets plus forts que cette volonté même, ou plutôt se confondant avec elle, et ce que nous prenons pour un acte libre ne serait en nous que la résultante de lois fatales et de forces mystérieuses. Le déterminisme, en philosophie, a tué la liberté.

Même recul de la liberté en politique. Assurément, la France est un pays libre ; il y aurait mauvaise grâce à dire le contraire quand d'aucuns trouvent même qu'elle l'est trop. Mais la liberté n'y est plus une déesse dont on célèbre le culte avec enthousiasme et dévotion. Elle n'inspire plus, comme autrefois, des hymnes ni des duos. Pour la chanter, on ne trouverait aujourd'hui ni poète, ni compositeur. Ce qui est plus grave, — car la liberté peut se passer de vers et de musique, — c'est que les habitués de la politique ne croient plus en elle. Quel homme d'état trouverait-on aujourd'hui, dans l'opposition ou au pouvoir, pour écrire à nouveau cette belle page où Tocqueville parlait, en termes émus jusqu'à la mélancolie, de son amour pour la liberté. « Ce qui, disait-il, dans tous les temps, lui a si fortement attaché le cœur de certains hommes, ce sont ses attraits mêmes, son charme propre, indépendant de ses bienfaits ; c'est le plaisir de pouvoir parler, agir, respirer sans contrainte, sous le seul gouvernement de Dieu et des lois. Qui cherche dans la liberté autre chose qu'elle-même est né pour servir... Ne me demandez pas d'analyser ce goût sublime ; il faut l'éprouver. Il entre de lui-même dans les grands cœurs que Dieu a préparés pour le recevoir ; il les remplit, il les enflamme. On doit renoncer à le faire comprendre aux Ames médiocres qui ne l'ont jamais ressenti. » Nobles paroles qu'un ministre d'autrefois, dont la sincérité avait été mise à l'épreuve du pouvoir, complétait en ajoutant : « Ce goût sublime, c'est le sel de la terre ; si le sel perd sa saveur, avec quoi le salera-t-on ! » Hélas ! le sel a perdu sa saveur. Le goût de la liberté n'existe plus que dans certains cœurs obstinés, qui se complaisent dans la fidélité aux causes vaincues. Le gros de la nation en est revenu. Si la France est libre aujourd'hui, ce n'est ni par choix, ni par goût, c'est par lassitude. De tous les expédients, la liberté lui paraît celui qui, provisoirement, assure le mieux son repos.

Ce qui a désenchanté la France de la liberté politique, ce sont les mécomptes qu'elle lui doit. Une cause analogue l'a désenchantée également de la liberté économique. Pas plus que la liberté politique, la liberté économique n'a tenu toutes les promesses qui avaient été faites en son nom. Elle devait résoudre tous les problèmes ; c'étaient les économistes qui avaient dit cela ; elle avait en elle une vertu curative qui pansait toutes les plaies, qui guérissait toutes les souffrances : il n'y avait qu'à la laisser agir et à attendre. L'attente a duré un siècle, mais voici que les plaies sont encore saignantes, et qu'à entendre les plaintes de ceux qui souffrent leurs souffrances n'auraient jamais été plus cruelles. En tout cas, jamais ces souffrances n'ont été supportées avec moins de résignation. La liberté économique n'a fait, dit-on, que développer l'antagonisme entre les différentes classes de la société. Si l'on peut contester que le monde du travail soit moins heureux qu'il ne l'était autrefois, il est certain en tout cas qu'il n'a jamais été plus agité. La liberté économique n'aurait donc pas été moins menteuse que la liberté politique. Aussi, comme la liberté politique, ne jouit-elle plus aujourd'hui que d'une domination précaire. Si elle tient encore debout, c'est par habitude, comme ces vieilles maisons que les architectes s'étonnent chaque matin de ne pas voir s'écrouler. Mais les fondements sont ruinés, car la liberté ne va pas sans la confiance et ceux qui tiennent encore pour la liberté économique sont traités d'utopistes ou d'arriérés.

A ce découragement de la liberté qui est la cause première du mouvement socialiste, s'en ajoute une autre, plus noble de sa nature, c'est le souci croissant de la condition des classes populaires qui tient aujourd'hui dans les préoccupations publiques une place infiniment plus grande qu'autrefois. Ce sont les progrès de cette religion de la souffrance humaine dont les préceptes un peu vagues tiennent dans beaucoup d'esprits la place qu'occupaient autrefois les prescriptions plus formelles de la religion chrétienne. Assurément, cette généreuse préoccupation n'est pas née d'hier, et il y a longtemps que les patrons français s'ingénient à améliorer par des combinaisons multiples la condition de leurs ouvriers. Mais ce qui est nouveau, c'est de voir cette préoccupation envahir beaucoup d'esprits dont les uns y étaient demeurés jusqu'à ce jour complètement étrangers, et les autres se contentaient d'accomplir le devoir chrétien de la bienfaisance. Beaucoup de personnes charitables auxquelles jusqu'à présent l'aumône avait suffi cherchent aujourd'hui le moyen de soulager, d'une façon plus constante et plus efficace, les misères dont elles sont les témoins affligés. Cet état nouveau des esprits dans le monde religieux est due en grande partie à l'influence exercée par l'œuvre des cercles catholiques d'ouvriers dont M. le comte de Mun est l'éloquent et habituel orateur. Comme pour résoudre ces questions difficiles, ce n'est pas trop du concours de toutes les bonnes volontés, M. de Mun a rendu par là un incontestable service, et, s'il en a le juste sentiment, ce doit être pour lui une récompense plus sensible que de recueillir les succès oratoires dont il est coutumier ou de voir ses idées personnelles les plus hardies recueillir comme à Berlin de puissantes adhésions. Le socialisme contemporain a enfin une origine moins noble mais encore légitime ; c'est la préoccupation politique. Dans cette féerie philosophique qui s'appelle *la Tempête*, le duc de Milan Prospero, après avoir quelque peu médit du rude et sauvage Caliban, finit cependant par ajouter : « Tel qu'il est, nous ne pouvons pas nous passer de lui. Il fait notre feu, il apporte notre bois et nous rend bien des services. » Caliban, c'est aujourd'hui le suffrage universel. Il apporte le bois ou plutôt il extrait le charbon ; il allume le feu ou plutôt il conduit la vapeur ; en tout cas, on ne saurait se passer de lui, et la question est de savoir à quel prix il mettra désormais ses services. Cette question est soulevée partout, dans les états à tradition héréditaire aussi bien que dans les pays à constitution démocratique. Il est naturel cependant que dans ces derniers pays, elle se pose avec plus d'acuité encore. Lorsque le nombre est l'origine de tous les pouvoirs et que le nombre devient mécontent de son sort, tout est à prévoir et à craindre pour la minorité privilégiée. Aussi ne saurait-on s'étonner que cette minorité prête aux réclamations qui frappent son oreille une attention proportionnée à son intérêt personnel. Pourquoi la condition des ouvriers mineurs préoccupe-t-elle davantage que celle des ouvriers cotonniers ou des pêcheurs de nos côtes ? C'est qu'un pays peut pendant un temps assez long se passer de cotonnades ou de poisson et qu'il ne peut, même pendant un temps très court, se passer de charbon. C'est aussi parce que les mineurs parlent et réclament plus haut que les autres. Et cependant il serait facile de démontrer que leur condition n'est pas plus dure que celle des ouvriers cotonniers, ni leur profession plus dangereuse que celle de ces pêcheurs d'Islande dont une œuvre exquise a rendu le nom célèbre, silencieuses victimes du travail sur la tombe desquels on pourrait inscrire, lorsque la mer ne les a pas engloutis, cette épitaphe antique : « Ici est le tombeau du pêcheur Pelagon. On y a gravé une nasse et un filet, monuments d'une dure vie. » Mais les pêcheurs d'Islande, pour lesquels il n'existe cependant ni caisse de secours, ni caisse de retraite, ne sont point constitués en syndicat ; il n'y a point de circonscription où ils forment la majorité et partant ils n'ont point de représentant à la Chambre. Aussi se préoccupe-t-on beaucoup moins de leur sort, ce qui ne veut pas dire qu'on ait tort de se préoccuper du sort des ouvriers mineurs.

En terminant la recherche des origines du socialisme, je voudrais pouvoir me dispenser d'insister sur cette indication que je donnais au début : la mode. Il est cependant impossible d'expliquer autrement que par la mode les progrès rapides qu'a faits le mouvement socialiste depuis dix ou huit mois, mode littéraire, mode élégante. Quelques jeunes esprits, trouvant que les temps sont lourds et cette fin de siècle ennuyeuse, demandent au socialisme des émotions nouvelles et une distraction pour leur « moi. » C'est en qualité de décadents qu'ils sont socialistes, comme ils auraient été autrefois romantiques, comme le seraient sans doute aujourd'hui *Werther* ou *René*. « Levez-vous vite, orages désirés qui devez emporter René dans les espaces d'une autre vie. » Moins épris de la mort, nos socialistes de lettres se bornent à souhaiter que par une délicieuse après-midi l'imprévu pénètre un jour par les fenêtres du Palais Bourbon. C'est-à-dire, en bon français, qu'ils provoquent le peuple à l'émeute en lui promettant le socialisme comme récompense. Ce sont là des jeux coupables que la fantaisie et le talent littéraire ne suffisent point à excuser. Quant à nos socialistes de salon, il ne faut vraiment point se montrer trop sévère à leur endroit. Les jeunes gens ont de tout temps aimé à faire parler d'eux. Quelques-uns ont trouvé que le moyen le plus simple était de parler eux-mêmes en se déclarant socialistes. C'est une mode après tout plus charitable que de s'armer de cannes plombées, comme autrefois la jeunesse dorée, pour rosser les jacobins. Il n'y a pas à s'en inquiéter. Elle passera comme celle du *tennis* et du *polo*, peut-être même auparavant.

Section II

Puisque la liberté a manqué à ses promesses, puisque la souffrance humaine, loin de décroître, est devenue plus intense ou plus difficile à supporter, puisque le remède s'est trouvé sans force et le principe sans vertu, il est naturel de se détourner de la liberté pour s'adresser à son contraire et de demander à la réglementation ce que la liberté n'a pu donner. C'est la tendance commune à tous les néo-socialistes parmi lesquels il y a beaucoup d'hommes de très bonne foi et de très haute valeur. L'esprit humain procède ainsi ; il obéit à la loi du flux et du reflux, *corso et ricorso*, disait Vico, et nulle part ces mouvements ne sont aussi sensibles qu'en France. Nulle part, en effet, sauf peut-être en Angleterre, le principe de la liberté du travail n'avait été proclamé aussi haut. Aujourd'hui ce principe est publiquement battu en brèche et si certains états de l'Europe ont devancé la France dans la voie des restrictions à la liberté, il semble que la France ait hâte de regagner la distance. Les projets abondent en ce sens. La seule difficulté est de se reconnaître dans leur multiplicité. Les adversaires de la liberté du travail se peuvent ranger sous deux bannières différentes. Les uns, pour mettre un terme à ce qu'ils appellent les abus de la liberté, s'adressent purement et simplement à l'État. Suivant eux le contrat du salaire, ce qu'on appelle en droit le louage de services, n'est pas un contrat ordinaire dont les conditions doivent être réglées par le libre accord des parties, conformément aux principes du droit commun. Les clauses de ce contrat doivent, au contraire, être soumises à la surveillance de l'État et la puissance publique a le droit d'intervenir dans les conventions qui engagent respectivement le patron et l'ouvrier. Elle puise non-seulement ce droit, mais ce devoir dans l'inégalité des deux parties contractantes. L'ouvrier, étant le plus faible, n'est pas en situation de traiter d'égal à égal avec le patron. L'État doit donc le prendre sous sa protection comme en droit civil il fait pour le mineur. Il doit aller plus loin et, comme le mineur également, il doit protéger l'ouvrier contre lui-même. Il ne doit pas lui permettre d'abuser de ses forces par un travail excessif. Il ne doit pas lui laisser la libre disposition de son salaire, mais l'obliger au contraire à en prélever une partie pour s'assurer contre le risque de la maladie et la certitude de la vieillesse. Il doit l'exempter, comme un être inconscient, des conséquences de son imprudence et en faire retomber la responsabilité sur celui qui l'emploie. On pourrait citer d'autres exemples de cette doctrine qui, à tous les points de vue, sauf au point de vue politique, maintient l'ouvrier à l'état de minorité perpétuelle. Elle a inspiré plusieurs projets de loi dont la chambre des députés est aujourd'hui saisie. On l'a baptisée du nom de socialisme d'état. Plus ou moins justifiée, l'expression a fait fortune et il est sans inconvénient de s'en servir.

La même défiance de la liberté qui a inspiré les socialistes d'état a donné naissance à une autre école qu'on appelle communément l'école des socialistes chrétiens. Je me fais cependant un peu scrupule de leur appliquer cette dénomination, d'abord parce qu'ils ne l'acceptent pas, ensuite parce qu'elle est trompeuse. Elle donne à croire en effet que tous les chrétiens, tous les catholiques qui s'occupent de questions sociales sont des socialistes chrétiens. Il n'en est rien, et, dans le monde catholique en particulier, les opinions sont très divisées. Les plus éminents disciples de M. Le Play, M. Claudio Jannet, M. Cheysson, M. Delaire, d'autres encore que je pourrais nommer, tiennent bon en économie sociale pour le principe de la liberté. Dans un tout autre camp, le père Forbes, le père Fristot, qui appartiennent à la compagnie de Jésus, ont publié sur la question des corporations, des assurances, de la concurrence commerciale, des études où ils adoptent, des solutions très libérales.[1] M. Keller vient de se ranger de leur côté dans un éloquent discours, et Mgr l'évêque d'Angers raillait au commencement de l'année le socialisme d'église avec une autorité qui appartient à lui seul. Ceux qu'on appelle les socialistes chrétiens ne représentent donc qu'une fraction des catholiques et si je continue de leur appliquer cette dénomination, c'est pour la clarté de la discussion, mais sans y attacher, il est à peine besoin de le dire, aucun sens désobligeant.

Le programme des socialistes chrétiens est plus complexe, moins uniforme que celui des socialistes d'état. Frappés de la stabilité et de la paix relatives que l'antique organisation des corporations avait, suivant eux, maintenues dans le monde du travail, ils veulent tout d'abord rétablir ces corporations détruites par la Révolution. Ils se proposent d'étendre ce régime à la grande industrie qui vivait sous une législation toute différente, mais en s'efforçant de l'adapter aux conditions du travail moderne. Ils n'admettent pas, en effet, le groupement en corporations distinctes des ouvriers et des patrons, car ce serait, suivant eux, l'organisation de la guerre ; patrons et ouvriers devraient, au contraire, faire partie

---

1 La *Réforme sociale* sert d'organe aux disciples de M. Le Play. Les études du père Forbes et du père Fristot ont paru dans la *Revue catholique des institutions et du droit* ou dans les *Études religieuses*, revue publiée par la compagnie de Jésus. Il n'y a que l'*Association catholique*, organe des cercles catholiques, qui soutienne les doctrines de ce qu'on appelle le socialisme chrétien. Toutes ces publications sont à consulter pour qui veut se tenir au courant du mouvement social catholique.

14

d'une même corporation ou, pour employer, le mot moderne, du même syndicat qui deviendrait ainsi un syndicat mixte.[1] L'entrée dans ces syndicats devrait-elle être obligatoire ? Quelques-uns le demandent et je crois bien que tous le souhaitent. En tout cas, la vie serait rendue tellement difficile à tous les ouvriers, à tous les patrons qui refuseraient d'en faire partie, que sinon légalement, du moins moralement, ils seraient contraints de s'y adjoindre. En effet, ces syndicats, non-seulement autorisés, mais reconnus par la loi, seraient investis par le législateur d'une autorité propre aux prescriptions de laquelle obéissance serait due. C'est à eux que le socialisme chrétien s'adresserait ensuite pour leur demander d'édicter ces restrictions à la liberté que le socialisme d'état demande à l'intervention directe de la loi. Les règlements industriels préparés par ces syndicats deviendraient obligatoires dans chaque industrie et une sanction pénale serait attachée à leur violation. C'est à eux qu'il appartiendrait d'imposer la prévoyance contre les accidents, la maladie, la vieillesse et en même temps de gérer les caisses où seraient versés les fonds provenant des cotisations. A eux reviendrait le droit d'imposer aux patrons les mesures de sécurité et d'hygiène nécessaires pour protéger la vie ou la santé des ouvriers. A eux d'intervenir dans les conventions passées entre patrons et ouvriers pour fixer les heures et la durée du travail. A eux enfin, dans un avenir plus ou moins éloigné, d'imposer à la production un maximum qui prévienne l'avilissement des prix par l'excès de l'offre et d'assurer au contraire à l'ouvrier un minimum de salaire qui lui procure une juste aisance. Le tout sous peine d'amende, et, au besoin, de prison. Il y aurait, en un mot, au profit des syndicats mixtes un démembrement véritable de la puissance publique et une abdication partielle de l'État. C'est ainsi que les socialistes chrétiens espèrent arriver à ces restrictions à la liberté qu'ils jugent nécessaires sans augmenter la puissance de l'Etat, puissance dont ils se méfient, non pas seulement par un vieux levain de libéralisme dont, à leur insu peut-être, ils sont encore

---

1 J'ai consacré, il y a quelques années, une étude (voir la *Revue* du 15 décembre 1885) à exposer cette conception des syndicats mixtes dont les membres seraient reliés entre eux par la possession commune d'un patrimoine corporatif et qui seraient administrés par un comité d'honneur composé de membres étrangers à la profession. On trouvera, présentées dans cet article, quelques-unes des objections théoriques et pratiques que cette organisation soulève.

pénétrés, mais parce que, l'État moderne n'étant pas chrétien, ils ne se soucient pas d'étendre démesurément ses attributions sans savoir l'usage qu'il en ferait.

Théoriquement, et à l'origine, ces deux programmes étaient différents ; mais, par la force des choses, ils tendent de plus en plus à se rapprocher et à se confondre. Il y a en effet, dans les idées abstraites, une logique qui conduit les hommes malgré eux et à laquelle ils n'échappent pas. Du moment qu'on est d'accord pour restreindre la liberté et qu'on ne diffère plus que sur les moyens, il y a grande chance pour que, sur les moyens, l'accord s'établisse également et pour qu'on aille de concert aux plus simples et aux plus sûrs. C'est ce qui est arrivé entre socialistes d'état et socialistes chrétiens. Les socialistes chrétiens sont, je crois, un peu découragés de leurs syndicats mixtes, et ils n'ont pas été insensibles aux nombreuses objections que cette combinaison a soulevées. En tout cas, ils se rendent bien compte qu'avant qu'ils aient coulé toute la société industrielle dans ce moule uniforme, avant que ces syndicats aient pris naissance et force et qu'une part considérable des attributions de la puissance publique leur soit dévolue, un temps fort long pourra s'écouler. Or comme il leur paraît urgent de porter remède à l'action nocive de la liberté, ils n'ont pu résister plus longtemps à la tentation de se rallier aux procédés beaucoup plus expéditifs du socialisme d'état. C'est ce qui est en train de se produire à propos de ces deux grosses questions du travail de nuit des femmes et de la limitation légale des heures de travail. La commission parlementaire qu'on appelle de ce nom déjà menaçant *commission de la réglementation du travail*, est aujourd'hui saisie de deux projets de loi : l'un présenté par des députés radicaux, ouvriers ou se disant tels, qui siègent à l'extrême gauche ; l'autre par des députés catholiques, jurisconsultes ou hommes du monde, qui siègent à droite. Ces deux projets diffèrent sur quelques points de détail, mais l'esprit qui les a dictés est le même : tous deux sollicitent l'État à intervenir directement dans le contrat du travail et à soustraire les clauses de ce contrat au libre débat entre les parties. Je sais bien que, dans une note récemment communiquée à la presse, les députés catholiques se sont énergiquement défendus contre l'accusation de verser dans le socialisme d'état ; mais jamais on ne vit, je crois, plus frappante application du proverbe : « Qui s'excuse s'accuse.[1] » La coalition des socialistes d'état et des socialistes chrétiens représentera dans le parlement une force considérable, d'autant plus qu'à eux viendront se joindre ceux que je serais tenté d'appeler les socialistes de chambre (chambre des députés s'entend), c'est-à-dire un certain nombre de braves gens qui, indifférents à ces questions ou les ayant peu étudiées, mais croyant que des mesures de cette nature sont populaires, joindront leurs voix à celles de leurs collègues plus convaincus en se disant, pour rassurer leur conscience, « qu'il y a quelque chose à faire et qu'il faut essayer de cela. » Les hommes qui sont à la tête de ce mouvement reçoivent, en ce moment, beaucoup de félicitations. Les collectivistes, voire même les anarchistes, heureux de voir ces chevaux de renfort s'atteler à leur cause, ne les leur épargnent pas, et quelques esprits généreux saluent avec enthousiasme ce premier symptôme d'une réconciliation des classes et d'une communion des partis sous l'espèce du socialisme. Je voudrais beaucoup pouvoir m'associer à cet enthousiasme ; mais si, comme je le crois, le principe commun aux socialistes d'état et aux socialistes chrétiens est un principe faux, si c'est une illusion que de chercher dans des restrictions arbitrairement apportées à la liberté du travail le remède à des maux trop réels ; si enfin, en encourageant cette illusion, on court le risque d'aggraver les maux qu'on a la prétention de guérir, et de rendre plus aiguë la crise qu'on veut conjurer, n'est-ce pas un devoir, pensant cela, de le dire, et, prévoyant ces dangers, de les signaler à l'avance, dût-on faire une œuvre stérile, comme il arrive souvent lorsqu'au nom d'une conviction modeste et sans autorité, on essaie de se mettre en travers d'un mouvement irréfléchi de l'opinion ? C'est cependant ce que je voudrais tenter dans la suite de cette étude.

Section III

Nous avons vu que la défiance de la liberté était le fonds commun

1 La France n'est pas le seul pays où le socialisme chrétien soit en train de capituler devant le socialisme d'état. C'est ainsi qu'au congrès récent d'Olten, dont les délibérations se sont au reste fait remarquer par leur calme et leur maturité, radicaux et catholiques se sont mis d'accord pour demander l'assurance obligatoire, la gestion par l'État de toutes les caisses de retraite ou de secours, la limitation des heures de travail et l'inspection à ce point de vue des ateliers de famille.

et le point de départ des deux socialismes. Cette défiance est-elle fondée ? Il faut tout d'abord s'expliquer sur ce point. Que la liberté, à elle seule, ne suffise pas pour résoudre, même dans la mesure restreinte où il peut recevoir une solution, le problème social, j'en tombe d'accord, et je dirai tout à l'heure pourquoi. Mais la liberté du travail n'en demeure pas moins, à mes yeux, la pierre angulaire de l'édifice économique, à laquelle on ne saurait toucher sans ébranler l'édifice lui-même. Personne, à vrai dire, ne met directement en doute le principe de la liberté du travail. Personne ne méconnaît que, pour l'homme fait, la faculté de choisir sa profession, de disposer de son temps comme bon lui semble et de débattre à son gré les conditions auxquelles il loue ses services, ne soit un droit naturel dont on ne saurait le priver sans tyrannie. Aussi les socialistes des deux écoles ne s'en prennent-ils pas directement à ce principe ; ils se bornent à le battre en brèche par un argument assez spécieux. La liberté, disent-ils, pour être véritable, suppose l'égalité entre les contractants ; elle suppose qu'aucun des deux ne se trouve fatalement dans la nécessité de céder à l'autre et que le contrat intervenu entre eux est bien la traduction d'un accord volontaire. Mais si cette égalité n'est qu'une apparence, si la faiblesse de l'un des deux contractants ne lui permet pas d'opposer aux prétentions de l'autre une résistance sérieuse, si le plus faible est, en réalité, à la merci du plus fort, il n'y a pas liberté véritable ; et le contrat de louage de services n'est pas l'œuvre d'un consentement mutuel et sincère, pas plus que ne le serait un traité imposé par l'Allemagne à la Belgique ou par l'Angleterre au Portugal si, demain, l'armée allemande franchissait la ligne de la Meuse, ou si les vaisseaux de guerre anglais bombardaient Lisbonne. L'État, ajoute-t-on, doit protéger les faibles. Or, dans le domaine de l'industrie, le faible, ce n'est pas seulement l'enfant ou la femme ; le faible, c'est l'ouvrier, qui est, vis-à-vis de son patron, dans un état d'infériorité marquée. « Réduit à travailler au compte, au service et au gré d'un capitaliste, l'ouvrier est forcé de subir les conditions qui lui sont faites. Sans avances, demandant au travail son pain quotidien, il ne saurait, un seul jour, se passer d'emploi… Entre l'ouvrier et l'entrepreneur capitaliste, il y a échange de services, mais il n'y a pas de réciprocité complète. Les conditions actuelles de notre régime économique mettent donc logiquement les travailleurs dans la dépendance effective des capitalistes et les réduisent, le plus souvent, à une impuissance réelle que la proclamation d'une liberté abstraite n'est point susceptible de faire cesser. »

C'est en ces termes que s'expriment M. le comte de Mun et ses amis dans l'exposé des motifs du projet de loi sur la réglementation du travail industriel qu'ils ont récemment déposé, et il faut avouer qu'en théorie, l'argument ne manque pas d'une certaine force. Mais en réalité et dans la pratique des choses, l'ouvrier est-il bien réellement un faible ? Qu'on pût soutenir cette thèse il y a quelque trente ou quarante ans, alors qu'une législation injuste pesait sur lui, comme au reste sur tous les citoyens français, et qu'il ne lui était permis ni de se coaliser, ni de s'associer, je le comprends. Encore cette prétendue faiblesse ne l'a-t-elle pas empêché d'arracher à la trop longue résistance des pouvoirs publics ces deux précieuses conquêtes : la loi de 1864, qui a permis les coalitions ; la loi de 1884, qui a donné une existence légale aux syndicats ouvriers, déjà existant en fait depuis longues années et victorieux des prohibitions du code pénal. Mais aujourd'hui ? Est-ce que les ouvriers, syndiqués ou libres de l'être et usant à leur gré du droit de se mettre en grève, ne disposent pas vis-à-vis des patrons d'un pouvoir redoutable, dont ils ne sont que trop disposés à faire abus ? Est-ce que toutes les grèves qui avaient un motif légitime n'ont pas été, dans ces dernières années, couronnées de succès ? Est-ce que leurs revendications de toute nature, qu'elles eussent trait à l'augmentation des salaires ou à la diminution des heures de travail, n'ont pas obtenu satisfaction, parfois même dans ce qu'elles avaient d'excessif ? Bien plus, on pourrait se demander si, aujourd'hui, le faible, ce n'est pas quelquefois le patron. Je ne parle seulement pas des exigences tyranniques qu'ont parfois ses ouvriers et auxquelles il est obligé de céder, s'il ne veut pas provoquer une grève nuisible à ses intérêts. Mais souvent il a contre lui l'hostilité de l'administration locale, préfet ou maire, qui, de prime abord et sans connaître les faits, prend parti pour ses ouvriers contre lui. Ce n'est pas tout. Il est devenu suspect aux pouvoirs publics. La qualité de patron est une sorte de défaveur, et il suffit qu'une mesure de défiance contre les patrons soit réclamée avec quelque insistance par les ouvriers pour que les assemblées électives s'empressent d'y faire droit. Je n'en veux pour preuve que cette loi récemment adoptée par la chambre des députés, qui enlève au patron le droit de choisir et de congédier librement ses ouvriers, en accordant au tribunal le droit de rechercher si, par hasard, l'exclusion ou le renvoi de l'ouvrier n'aurait pas pour motif réel son affiliation à un syndicat. Je pourrais citer également cette autre loi sur les délégués mineurs, à propos de laquelle la droite et la gauche ont échangé une sorte de baiser Lamourette, loi inutile, sinon mauvaise, de l'aveu de tous, et en particulier du ministre, qui s'y est rallié après l'avoir combattue, car, n'ajoutant rien à la sécurité des ouvriers, elle risque d'amener des conflits avec les patrons, et, si elle a été votée, c'est de guerre lasse, uniquement parce que les soi-disant représentants des ouvriers mineurs la réclamaient avec insistance. Il ne faut donc plus parler de la faiblesse de l'ouvrier en face du patron et de la dépendance où le travail se trouverait par rapport au capital. La vérité est que le travail et le capital sont deux puissances d'égale force, qui se regardent aujourd'hui avec méfiance. Il faut travailler à les concilier ; mais le moyen d'y réussir n'est pas de persuader à l'une qu'elle est opprimée par l'autre.

Il est un autre reproche que les socialistes, et en particulier les socialistes chrétiens, adressent à la liberté : c'est d'aboutir à ce qu'ils appellent l'individualisme, ou, pour employer une expression plus pittoresque, à la pulvérisation sociale. En brisant les liens qui retenaient l'ouvrier dans le sein des anciennes corporations, la liberté l'aurait du même coup condamné à vivre isolé au sein d'une société indifférente ou hostile. Elle l'aurait laissé sans protection, sans assistance, portant seul le poids de ses maux et n'ayant à compter que sur lui-même, en face du capital, qui est par lui-même une association de forces. Cet isolement ajouterait encore à sa faiblesse naturelle, et la liberté, en aboutissant fatalement à l'individualisme, c'est-à-dire, en fait, à l'abandon, aurait aggravé, par comparaison avec les siècles passés, la condition de l'ouvrier.

Cette objection dirigée contre la liberté emprunte, au premier abord, une réelle force aux justes critiques qui peuvent être adressées à notre état social, tel que la révolution française l'a fait. Il est certain que, si l'on compare la France avec certains pays étrangers, avec l'Angleterre, par exemple, ou avec l'Allemagne, on n'y trouve pas développées au point où elles le sont dans ces deux pays ces fortes organisations, dont les unes, répartissant entre un grand nombre de têtes les risques d'accidents, de maladie, de mort, ne sont que des applications de la mutualité, et dont les autres, combinées en vue de la résistance et de la revendication des intérêts, compensent, par le grand nombre des associés, la faiblesse originelle de chacun. Il est certain qu'en France, l'ouvrier vit ou du moins a vécu longtemps trop isolé, sans chercher dans la mutualité et dans l'association le moyen de diminuer ses risques ou d'augmenter ses forces. Mais à qui la faute ? Est-ce à la liberté ? Non, c'est précisément à son contraire. C'est d'abord à la tyrannie jacobine, ensuite à la tyrannie impériale. En détruisant avec raison la corporation obligatoire, la révolution a commis la faute de proscrire la corporation libre, et la loi de 1791, qui défend aux ouvriers de se réunir et de s'associer « en vue de leurs intérêts prétendus communs, » demeure une des fautes économiques les plus lourdes d'un temps fertile en fautes de toute espèce. L'article 291 du code pénal a renchéri encore sur cette prohibition en l'étendant à tous les citoyens, auxquels il est interdit de se réunir au nombre de plus de vingt pour s'occuper « d'objets religieux, littéraires ou *autres*. » La révolution et l'empire se sont mis d'accord pour consacrer cette atteinte à la liberté. Or, comme les lois font les mœurs non moins que les mœurs font les lois, l'esprit d'association n'a pas résisté, en France, à la mise en interdit dont il était l'objet, et chacun s'est pris à vivre pour son compte, aussi bien dans le domaine de l'industrie que dans les autres. Mais de cet isolement, celui qui a le plus souffert, c'est incontestablement l'ouvrier, car c'est lui qui avait le plus besoin de la protection que la faiblesse trouve dans l'association. Bien des questions qui préoccupent aujourd'hui les esprits trouveraient plus aisément leur solution si des sociétés librement constituées, mais ayant fait leurs preuves par la durée, pouvaient intervenir dans leur règlement. Depuis quelques années, l'esprit d'association s'est réveillé de sa torpeur ; mais ses progrès sont encore entravés par les derniers liens d'une législation étroite et méfiante. Si donc les institutions que crée l'esprit d'association ne jouent pas, dans la constitution sociale de notre pays, le rôle qui devrait leur appartenir ; si leur développement est lent et leur action insuffisante, ce n'est pas la liberté qu'il faut en rendre responsable, puisque le régime sous lequel la France a vécu était la négation même de la liberté, et ce n'est pas dans des restrictions nouvelles à ce principe qu'il faut chercher le remède à l'individualisme et à la pulvérisation sociale. C'est au contraire, la logique l'indique et l'expérience des pays voisins le conseille, c'est dans la pratique plus hardie et plus large de la liberté.

Disons, au surplus, si l'on veut, du mal de l'individualisme, mais prenons garde cependant de décourager l'individu en trop lui répétant qu'il ne peut rien pour lui-même et par lui-même ; car par là on courrait le risque de détruire en lui le sentiment de ce que les Anglais appellent le *self help*, énergique expression qui, dans notre langue, n'a point d'équivalent direct, mais que traduit assez bien ce vieux proverbe de nos pères : Aide-toi, le ciel t'aidera. L'association peut bien jouer le rôle du ciel, mais il faut que l'individu s'aide lui-même. Un homme d'autrefois, qui était demeuré un peu entiché de noblesse, avait coutume de dire qu'il en est de la naissance comme du zéro : par lui-même, il n'est rien ; précédé de l'unité, il en décuple la valeur. Ne pourrait-on pas dire la même chose de l'association ? Elle décuple la valeur de l'individu ; mais si la valeur faisait défaut, elle demeurerait impuissante. Il ne faut donc point mettre une confiance exagérée dans l'association, et c'est à fortifier l'individu lui-même qu'il faut surtout songer, en entretenant chez lui non-seulement la conscience de ses droits, mais le sentiment de ses devoirs. C'est un des grands dangers du socialisme que d'accoutumer l'ouvrier à trop compter sur la protection de l'Etat, en le traitant comme un perpétuel mineur sur lequel un tuteur attentif doit veiller, et qui n'a d'intérêt ni à être prudent, puisque la société le garantit contre les conséquences de l'accident amené par sa faute, ni à être prévoyant, puisqu'elle se charge de sa vieillesse, ni à être laborieux, puisqu'elle lui assure un minimum de salaire. Ne réduisons pas l'individu à zéro, car deux zéros accouplés ou rien, c'est même chose.

Section IV

La liberté doit donc demeurer le principe, et, comme à tous les principes, il n'y faut déroger qu'avec une prudence infinie, lorsqu'un principe égal ou supérieur se trouve en balance. Peut-être, dans une série d'études successives, essaierai-je de démontrer que sinon toutes, du moins la plupart des restrictions qu'on se propose aujourd'hui d'apporter à ce principe, vont à l'encontre du but qu'on veut atteindre, et que, par des phénomènes de répercussion inaperçus, elles travaillent au détriment de ceux qu'on veut protéger. Mais dans cette étude, qui est en quelque sorte de doctrine, je voudrais rechercher si la liberté seule suffit et s'il faut l'abandonner à son jeu naturel en partant de cette idée abstraite, qu'ou bien elle guérit les maux qu'elle engendre, ou bien ces maux sont de leur nature inguérissables. C'est la thèse des économistes, ou du moins des économistes d'autrefois, car les économistes d'aujourd'hui sont moins hautains dans leur intransigeance libérale. Mais économiste point ne suis et n'ai la prétention d'être. Aussi cette thèse n'est-elle pas la mienne, et j'aurai la hardiesse de dire, au risque de paraître un peu outrecuidant, sur quels points elle me paraît fautive.

C'est une doctrine en honneur chez les économistes classiques, — j'entends par là ceux qui ont fondé la science à la fin du siècle dernier ou au commencement de celui-ci, — que la société idéale est celle où l'État se réduit à la moindre action. Suivant eux, les attributions de l'État ne sauraient être trop restreintes ; elles devraient se borner à un mécanisme tout matériel : entretenir l'armée, assurer le bon état des voies de communication et veiller à la sécurité des citoyens. D'attributions morales il n'en a point et ne saurait en avoir. Cette conception de l'État sergent-recruteur, cantonnier et gendarme est à mes yeux beaucoup trop étroite.[1] L'État n'est pas seulement tout cela : il est encore une personne morale ; comme tel, il a des droits et surtout des devoirs. Ces droits sont multiples ; ces devoirs sont complexes. Pour les mieux préciser, j'en indiquerai successivement la nature.

L'État, j'entends par là la puissance publique, qu'elle s'exerce par le pouvoir central ou par le pouvoir municipal, est d'abord le gardien de l'hygiène, de l'hygiène publique et de l'hygiène morale. Comme il lui appartient de prendre des mesures pour prévenir la naissance des épidémies ou arrêter leur marche, il lui appartient également de veiller d'une manière générale à ce que la vie des <u>citoyens s'écoule</u> dans les conditions d'une bonne hygiène. Comme

1   Dans une série d'études publiées ici-même, M. Paul Leroy-Beaulieu a développé une conception beaucoup plus large des attributions de l'État. C'est grande sécurité d'esprit pour un profane comme moi de me trouver d'accord sur un grand nombre de points avec le brillant chef de la nouvelle école économique.

il lui appartient de réprimer, en vertu du code pénal, les outrages à la morale publique, de même il lui appartient, par des mesures préventives, d'empêcher ces outrages. Faisant application de ces principes, qui sont de droit commun, au monde du travail, l'État peut et doit, par conséquent, veiller aux conditions hygiéniques dans lesquelles travaillent les ouvriers. Comme il impose depuis quelque temps, aux logeurs en garni, de maintenir dans leurs dortoirs un certain cube d'air, de même il peut et doit imposer aux industries insalubres et dangereuses, et même à toutes les industries en général, des précautions qui protègent la vie et la santé des ouvriers. La législation qui existe sur ce point est à refaire et à étendre. L'État peut aller plus loin. Il peut et il doit, dans les industries où les hommes et les femmes sont employés en commun, prescrire certaines mesures d'hygiène morale qui soient de nature à assurer le respect des bonnes mœurs. Je citerai comme exemple, et pour l'approuver, l'interdiction du travail des femmes dans les mines. C'est là un pouvoir d'une nature délicate à exercer, car la vraie morale trouve une protection beaucoup plus efficace dans les mœurs que dans la loi, mais il appartient incontestablement à l'État, et l'État aurait tort de l'abdiquer.

L'État a ensuite, comme personne morale, le devoir de pratiquer la bienfaisance et celui de l'encourager. Il doit la pratiquer, car il y a certaines misères imméritées qu'il est de son devoir de secourir, telles que la maladie, l'infirmité, et, dans certains cas, la vieillesse ; je dis dans certains cas, car la vieillesse est une forme de la misère à laquelle la prévoyance individuelle doit, en principe, pourvoir à l'avance. Il doit aussi encourager la bienfaisance, car la bienfaisance est un office privé par excellence dont les particuliers s'acquitteront toujours mieux que l'État. Or quelle est la façon dont l'État s'acquitte de ce double devoir ? En France, le service de l'assistance publique est encore à l'état rudimentaire. Dans certaines grandes villes, comme à Paris, elle est richement dotée, quoique mal administrée. Dans les autres, elle est pauvre et insuffisante. Enfin, dans les campagnes, elle n'existe pas. Le premier devoir de l'État serait d'organiser par une loi l'assistance publique, en fixant ses attributions et en lui assurant des ressources permanentes. Quant à la bienfaisance privée, non-seulement l'État n'a point souci de l'encourager, mais il accumule devant elle obstacles sur obstacles. La législation pénale défend aux personnes charitables de s'associer ; la législation administrative défend aux institutions charitables d'acquérir ; la législation fiscale frappe de lourds impôts les donations qu'on veut leur faire, et je ne parle pas des mesures odieuses ou simplement vexatoires que le fanatisme antireligieux de nos gouvernants édicté contre les associations charitables, lorsque leurs membres portent cornette ou soutane. Il y a conspiration véritable de nos lois et de nos mœurs contre la bienfaisance privée, et c'est là un des points sur lesquels un changement dans notre législation est le plus nécessaire.

A un tout autre point de vue, l'État a des devoirs comme patron, ou, pour me servir d'un néologisme que je n'aime guère, mais qui définit assez bien son rôle, comme employeur. Il y a en effet une foule d'existences qui, directement ou indirectement, dépendent de lui. C'est par centaines de mille qu'on les compte. L'Etat n'a pas seulement à son service des employés proprement dits dont il confisque toute la période active, depuis vingt ans jusqu'à soixante et plus, et dont il doit (ce qu'il fait au reste) assurer l'avenir. Il fait encore travailler pour son propre compte un assez grand nombre d'ouvriers dans les établissements qui dépendent de la guerre, de la marine, ou dans les manufactures nationales, et encore dans les chemins de fer, puisque l'État s'est fait récemment exploitant de chemins de fer. Vis-à-vis de tous ces ouvriers, il doit s'acquitter avec sollicitude des devoirs du patronage, au sens élevé que M. Le Play attachait à ce mot, et comme il n'est pas dans la situation des industriels ordinaires, que peut retenir la crainte d'augmenter leur prix de revient par la création d'institutions patronales trop dispendieuses, il devrait se piquer d'offrir en ce genre des modèles à imiter. L'État, j'entends par là aussi le département et la commune, est encore architecte ou entrepreneur de travaux. Il fait pour son compte construire des maisons, percer et paver des rues, tracer et entretenir des routes. Enfin, il y a un certain nombre d'industries qui ne se peuvent exercer qu'en vertu de concessions qu'il accorde et de délégations qu'il confère : ainsi, par exemple, l'industrie des mines et celle des chemins de fer ; ainsi encore les grandes entreprises de travaux publics : gaz, eaux, etc. C'est par milliers que se comptent les existences qui, de ce chef, dépendent directement ou indirectement de lui, car l'État, comme tout donneur de concessions, a parfaitement le droit d'imposer à ses concessionnaires, dans l'intérêt de leurs ouvriers, telles conventions que bon lui semble. Veut-on un exemple de ce que l'État peut faire directement ou indirectement en ce genre ? Prenons le repos du dimanche. Si l'État s'interdisait rigoureusement de faire ou de laisser travailler le dimanche pour son propre compte, s'il s'ingéniait pour trouver dans les grands services publics qui dépendent de lui (postes et télégraphes) la conciliation nécessaire entre les besoins du public et la nécessité du repos hebdomadaire, si à tous les entrepreneurs de travaux publics travaillant pour son compte ou pour celui des départements et des communes, une clause du cahier des charges interdisait de faire travailler leurs ouvriers le dimanche, si la même condition était imposée à tous les concessionnaires de l'État, et si l'État prenait sur lui la responsabilité des sacrifices qu'il est nécessaire de faire accepter du public pour arriver à ce résultat (suppression du service des marchandises et réduction du nombre des trains le dimanche), si l'Etat en un mot prenait à cœur cette question et accomplissait sur ce point tout son devoir, ne croit-on pas que la contagion de l'exemple ferait le reste, et que la question se trouverait ainsi résolue sans qu'il fût besoin d'avoir recours à cette extrémité regrettable d'une contrainte législative, pesant indistinctement sur toutes les industries et sur tous les citoyens ? Je dis : extrémité regrettable, car tant que le dimanche ne sera pas respecté par chacun, tant qu'il demeurera pour les chrétiens eux-mêmes un jour de divertissement, il y aura toujours quelque chose de choquant à ce que le travail soit interdit par la loi dans un pays où les mœurs permettent le plaisir.

Enfin, l'État qui participe à la puissance législative par le droit d'initiative qui lui appartient, doit faire usage de ce droit pour travailler autant qu'il est en lui à la solution légale des questions qui intéressent les classes laborieuses. Sans doute l'État, le gouvernement, si l'on veut, partage cette initiative avec tous les sénateurs et députés ; mais on sait cependant quel sort différent attend devant les assemblées les projets de lois déposés par le gouvernement, ou ceux qui émanent de l'initiative parlementaire, quelle autorité et quelle faveur s'attachent aux premiers, de quelles méfiances et de quelles lenteurs ont à souffrir les seconds, à moins qu'ils ne soient au contraire adoptés dans un mouvement irréfléchi.

De ce pouvoir immense qui lui appartient, un gouvernement soucieux de ses devoirs devrait se servir pour procédera une révision coordonnée et réfléchie de toute notre législation civile et administrative dans un esprit favorable aux classes populaires. Je ne saurais, dans un travail restreint comme celui-ci, donner la nomenclature complète de ces réformes qui s'imposent ; je crois devoir indiquer cependant les principales.

J'ai déjà signalé la nécessité urgente de proclamer en principe la liberté d'association, que la loi sur les syndicats n'accorde que d'une façon incomplète, et de faciliter pour les syndicats, comme au reste, pour toutes les associations légalement constituées, l'acquisition de la personnalité civile qui devrait impliquer le droit de propriété. Il faudrait, en effet, envisager en face une bonne fois, afin de n'en plus avoir peur, ce fantôme de la mainmorte et, suivant une spirituelle expression, cesser de se la représenter sous l'aspect d'un squelette, toujours prêt à étendre sur la société moderne sa main froide et décharnée. L'association est une force qu'il faut laisser se développer librement et un remède qu'il faut encourager. Or, le droit de propriété est le corollaire de la liberté d'association, et c'est terreur d'enfant que d'en avoir peur.

Cette révision devrait, suivant moi, s'étendre à une matière bien autrement importante et complexe : il ne s'agirait en effet de rien moins que de notre code civil et de notre code de procédure. L'un et l'autre en effet, le code civil surtout, ont été préparés par des jurisconsultes bourgeois en vue d'une société bourgeoise. Il n'y a point à s'en étonner. L'ouvrier, à cette époque, se confondait bien plus fréquemment que de nos jours avec le salarié ordinaire, car les grandes agglomérations industrielles existaient à peine. Le contrat de louage de services avait une bien moindre importance, et l'on comprend que le législateur ait cru pouvoir régler la matière en deux articles, les articles 1780 et 1781 (dont le second est aujourd'hui abrogé), en s'en rapportant pour le reste au droit commun. Quant au peuple, c'est-à-dire à cette agglomération d'êtres humbles, souffrants et sans défense qui composent la première assise de la pyramide sociale, on peut, sans malveillance, dire que les jurisconsultes de Napoléon, héritiers directs des légistes de l'ancien régime, ne s'en inquiétaient pas beaucoup. Toute notre législation civile porte la trace de cette négligence et de cet oubli. Un éminent professeur à la faculté de droit, M. Glasson, a développé ce point de vue avec beaucoup de force et d'autorité, dans une communication à l'Académie des sciences morales et politiques sur le code civil et la question ouvrière. Je ne voudrais pas le suivre dans tous les développements que le sujet comporte, je me bornerai à éclairer ce que je veux dire par quelques exemples. C'est ainsi, par exemple, que l'article 2101 du code civil, qui a compris les domestiques au nombre des créanciers privilégiés pour les gages de l'année échue et pour ceux de l'année courante, n'a point placé au même rang les ouvriers créanciers de leurs salaires. Trente ans plus tard, la loi de 1838 sur les faillites a comblé cette lacune, mais très incomplètement, car elle n'a accordé le rang de créancier privilégié aux ouvriers qu'en cas de faillite et seulement pour le mois qui a précédé la déclaration ; de telle sorte que, s'il s'agit d'un patron en déconfiture, ou d'une société civile en liquidation (la plupart des exploitations minières sont en société civile), ce privilège ne s'exerce pas. Il y a là une lacune pure et simple de la loi qu'il est urgent de combler par une addition à l'article 2101. Au rang des créanciers privilégiés, il faudrait encore admettre les caisses de retraite alimentées par les cotisations des ouvriers lorsque le patrimoine de ces caisses se serait trouvé confondu avec celui des compagnies ou du patron. Cette mesure de prudence empêcherait le retour de faits douloureux.

Dans ce même ordre d'idées, j'indiquerai comme une mesure qui s'impose également la nécessité de protéger le salaire de la femme contre les dilapidations du mari et de lui assurer au contraire un privilège sur le salaire du mari lorsque celui-ci le dissipe en dehors de la famille, et cela sans contrat de mariage dans le premier cas, sans séparation de corps dans le second cas, car de ces deux formalités, la première est inconnue dans les classes pauvres, la seconde est trop coûteuse. J'indiquerai encore l'utilité de protéger contre la saisie du créancier partie du salaire de l'ouvrier. Je dis partie seulement, car il faut prendre garde en enlevant tout gage au créancier de détruire le crédit de l'ouvrier et par là de rendre plus difficiles à passer pour lui les temps de chômage. Mais le code civil n'est pas la seule partie de notre législation qu'il faille revoir dans l'intérêt de l'ouvrier, il y a encore le code de procédure. En accumulant ce qu'on appelait dans l'ancien droit les *cautèles*, ou si l'on veut les précautions, les auteurs du code ne se sont préoccupés ni des lenteurs qu'ils créaient, ni des frais dont ils grevaient toute instance et tout partage judiciaires, lenteurs étirais qui inspirent à l'ouvrier la terreur de ce qu'il appelle la justice. Il serait urgent également, soit par un changement de juridiction, en multipliant les conseils de prud'hommes, soit par une extension de compétence, en étendant les attributions des juges de paix, de faciliter à l'ouvrier la décision rapide et peu coûteuse des litiges où il est intéressé, qu'il s'agisse d'une question de salaires ou d'accidents. Sur ce dernier point surtout la réforme est urgente, car il est monstrueux, comme j'en ai vu l'exemple, que la veuve d'un ouvrier qui demande la réparation du préjudice que lui a causé la mort de son mari, se voie traînée pendant deux ou trois ans en première instance et en appel. Ce sont les dispositions du titre XXIV relatif aux matières sommaires qui devraient être appliquées par les tribunaux de première instance en cas d'accidents ; et cette simple réforme serait peut-être plus utile que toutes les lois qu'on prépare aujourd'hui, bien qu'il y ait lieu cependant de légiférer à nouveau sur cette matière et que les principes généraux de l'article 1382 du code civil ne suffisent plus à régler la question des accidents industriels.

Enfin, à un autre point de vue plus élevé, mais non pas moins pratique, il conviendrait également de réviser, en se préoccupant de l'influence qu'elles exercent sur les mœurs populaires, certaines dispositions du code relatives à la législation des personnes : je veux parler de celles qui ont trait au mariage et à la filiation. Ici encore le code a été fait pour les censitaires. Soucieux d'assurer le repos et la décence dans le sein des intérieurs bourgeois, les auteurs du code se sont avant tout préoccupés de prévenir les mariages imprudents ou scandaleux. Ils ont voulu que les fils de famille, même de très petite famille, ne pussent épouser des danseuses, ou du moins que cela leur fût extrêmement difficile. Partant, ils ont accumulé les nécessités et les formalités du consentement des ascendants sans prévoir que par là ils allaient rendre ainsi plus difficile le mariage lui-même. Ces formalités sont tellement compliquées et coûteuses qu'elles ont fait du mariage « un luxe pour les classes pauvres, » expression que j'ai déjà empruntée à un concierge, car dans la vie populaire c'est une grande autorité que le concierge. Ceux qui connaissent les mœurs de la jeunesse ouvrière, jeunesse dont il faut s'occuper aussi, ne me démentiront pas si je dis que notre législation sur le mariage a surtout pour résultat de multiplier le concubinage, et j'appelle sur ce point l'attention de nos législateurs avec d'autant plus d'insistance, que je sais n'être pas seul de mon avis et que nos voisins les Belges devraient leur servir d'exemple.

La même préoccupation bourgeoise a inspiré les auteurs du code dans les questions de filiation. En posant ce principe absolu et brutal : la recherche de la paternité est interdite, ils ont voulu surtout prévenir le retour de ces procès à scandale qui se déroulaient autrefois devant nos anciens parlements. Ils n'avaient assurément pas prévu les ravages que ferait dans la moralité populaire, cette croyance aujourd'hui répandue que la charge matérielle et morale de l'enfant né hors du mariage doit toujours et dans tous les cas retomber sur la mère. S'ils pouvaient entendre aujourd'hui le langage cynique que tiennent à leurs victimes les séducteurs de bas étage, je suis persuadé qu'ils reculeraient devant leur œuvre et je suis persuadé également que si les jurisconsultes modernes voulaient bien descendre des hauteurs de l'école de droit jusque dans les dessous de la vie misérable, loin de défendre cette œuvre, ils se joindraient au contraire à ceux qui en demandent la réforme. Ce serait à eux de suggérer en même temps les précautions qui rendraient cette réforme sans inconvénients. Mais une aide plus puissante serait encore nécessaire. Nos deux plus grands auteurs dramatiques se sont attelés autrefois à la question du divorce, et ils ont été assurément pour beaucoup dans le succès d'une loi dont à quelques esprits étroits (je suis du nombre) l'utilité morale continue de paraître contestable. Des deux un seul survit aujourd'hui ; la question de la recherche de la paternité avait autrefois mis en train sa verve et lui a même inspiré un mot célèbre. S'il était tenté de reprendre aujourd'hui la cause des filles mères, ce qu'il dirait à ce sujet aurait beaucoup plus de retentissement que tous les mémoires des jurisconsultes et le succès de cette cause serait un triomphe digne de son talent et de son cœur.

Section V

Nous voilà bien loin de la moindre action de l'État et du « laissez-faire, laissez-passer » des économistes ; maxime qui a été au reste détournée de son sens primitif, car, au début, ils l'opposaient avec infiniment de raison aux corporations obligatoires et aux douanes intérieures. Si j'ai ou la hardiesse d'esquisser à grands traits ce programme, c'est pour répondre au reproche adressé parfois à mes modestes études, d'étaler les souffrances, de critiquer les remèdes et de conclure à l'inutilité de l'effort. Tout incomplet qu'il puisse paraître, il demeure cependant assez vaste pour tailler besogne à nos législateurs pendant toute la durée de leur mandat. Son seul mérite, si c'en est un, est d'être inspiré par une pensée unique : ne faire intervenir la loi que dans l'intérêt de l'hygiène, de la morale ou de la faiblesse évidente et pour tout le reste s'en rapporter à la liberté hardiment et largement pratiquée. Mais ce principe de la liberté suffit-il à lui seul pour conduire, je ne dirai pas à la solution, mais à l'approximation du problème ? Je ne le pense pas, et sur ce point je me séparerai encore des économistes, sans m'associer cependant aux vitupérations dont ils sont l'objet. C'est fort injustement, en effet, qu'on les accuse d'avoir, en proclamant la liberté du travail et la nécessité de la concurrence, encouragé l'égoïsme, déchaîné la spéculation, étouffé la voix de l'humanité. L'homme a toujours été enclin à l'égoïsme. La spéculation est l'âme même du commerce et la concurrence est de tous les temps. Il faut une certaine ignorance de notre histoire industrielle pour méconnaître que, même au temps béni des corporations, la concurrence s'exerçait avec une singulière âpreté de corporation à corporation et de ville à ville. Tours, autrefois le siège de l'industrie de la soie, ruinée par Lyon, en pourrait dire quelque chose. Mais ce qu'on peut reprocher aux économistes, c'est de n'avoir envisagé qu'un côté de la question. Lorsqu'ils ont proclamé dans leur fameuse formule que le travail est une marchandise, ils n'ont fait qu'énoncer une vérité incontestable. La rémunération du travail variera toujours à raison de sa valeur intrinsèque et de sa rareté plus ou moins grande. Un sculpteur sur bois sera toujours payé mieux qu'un menuisier, et la journée d'un manouvrier vaudra toujours moins cher en temps de neige qu'en temps de moisson. C'est là un fait brutal contre lequel aucune considération sentimentale ne prévaudra jamais. Mais si la formule des économistes est juste, elle n'en demeure pas moins incomplète ; car derrière ou plutôt avant le travail, il y a le travailleur, qui n'est pas une marchandise. En rédigeant leur formule, les économistes n'y ont pas pensé. La vérité est que des travailleurs ils ne se sont jamais préoccupés beaucoup, c'est là qu'a été leur faute et leur erreur : leur faute, car c'est un tort moral ; leur erreur, car, l'homme ne produisant pas comme une machine, le traitement dont il est l'objet se répercute sur le produit de son travail. En d'autres termes, la liberté n'est pas le seul principe qui doive entrer en jeu dans ces matières, car la liberté peut engendrer la lutte, la guerre si l'un veut, et toute guerre suppose des vainqueurs et des vaincus. Si le vainqueur abuse de sa force, il fait de son droit cet usage extrême qui aboutit à l'extrême injustice : *Summum jus, summa injuria.* Sa victoire sera éphémère et, vaincu à son tour, il subira le même droit, c'est-à-dire la même injustice. La liberté ne doit donc pas agir comme une force aveugle, et si je ne me méfiais des formules qui sont toujours critiquables, je dirais que le principe véritable est celui-ci : la liberté tempérée par la charité. La charité : il suffît d'avoir à faire usage de ce mot pour sentir combien notre belle langue française, si claire, si simple, si forte, est pauvre cependant par certains côtés. Elle prostitue le mot aimer à exprimer les préférences les plus vulgaires au lieu de le conserver exclusivement pour rendre le sentiment le plus noble du cœur. De même elle emploie indifféremment le mot charité au sens étymologique et profond de l'amour ou au sens banal de l'aumône. Peu s'en faut que cette dernière acception ne l'emporte même dans le langage usuel. L'expression faire la charité est devenue tellement courante qu'en proclamant la nécessité de faire intervenir la charité dans le règlement des questions sociales on semble vouloir dire qu'elles se réduisent à une question d'aumônes. D'un autre côté, si l'on renonce au mot charité pour employer son équivalent, si l'on dit que les questions sociales ne se peuvent régler que par l'amour, on tombe dans la rhétorique et l'on s'expose à faire sourire. Il faut cependant avoir ce courage, le plus rare de tous en France ; il faut dire bien haut que la liberté laissée à son libre jeu engendre nécessairement des souffrances, que les restrictions apportées mal à propos au principe de la liberté ont des contrecoups funestes, et que le meilleur remède est encore dans la sollicitude inquiète, ardente, de tous ceux qui ne vivent pas de leur travail direct et personnel pour ceux qui les font vivre. Je dis de *tous* ceux, et je tiens à insister sur ce point. Assurément, pour améliorer la condition des ouvriers, ceux qui peuvent le plus, ce sont les patrons. Ils font beaucoup déjà ; c'est calomnier à plaisir notre temps et notre pays que de le méconnaître. L'exposition d'économie sociale qui, l'année dernière, attirait une si juste attention au milieu d'attractions d'un autre ordre, a été, pour un grand nombre de personnes, une révélation, mais pour celles-là seulement qui ne s'étaient jamais beaucoup enquis de ces matières. L'espace me manque pour donner une analyse même sommaire de ces multiples œuvres patronales qui traduisaient aux yeux des profanes par des tableaux et des courbes leurs merveilleux résultats ; au fond de toutes ces œuvres, on retrouverait le même principe : sollicitude morale pour l'ouvrier ; sacrifice matériel que volontairement s'impose le patron, ce qui est une double forme de la charité. Tous les patrons remplissent-ils sur ce point tous leurs devoirs ? Qui pourrait le prétendre, lorsqu'il n'y a en quelque sorte point de limite au bien qu'un patron peut faire ? Il suffit de constater ce que beaucoup font déjà aujourd'hui pour avoir le droit d'espérer que tous en feront autant demain. Mais ce ne sont pas seulement les patrons qu'il faut appeler à l'aide, c'est encore tous ceux, quelles que soient leur origine et leurs occupations journalières, qui se sentent attirés d'un attrait invincible vers ce monde d'en bas qui travaille et s'agite loin de nous ; dont la vie s'écoule non pas, comme on le dit parfois en un style ampoulé, dans un enfer, mais dans une ombre triste où nous ne pénétrons guère ; dont les joies ne sont pas nos joies, ni les peines nos peines et avec lequel nous n'avons rien de commun que les douleurs de l'humanité. Ce que pensent les habitants de ce monde, ce qu'ils sentent, ce qu'ils souffrent, nous ne le savons guère, mais nous savons qu'ils se plaignent et c'en est assez pour nous émouvoir. Lorsque ce souci est entré dans une âme, il s'en empare avec une intensité singulière. C'est une obsession véritable qui trouble le plaisir des jours et le repos des nuits. Longtemps les âmes qui étaient tourmentées de cette obsession ont trouvé le moyen de s'en délivrer en pratiquant la bienfaisance. A beaucoup la bienfaisance ne suffit plus, et elles se demandent si, au lieu de soulager la misère, il n'y aurait pas moyen de la prévenir. Il faut avoir garde de les détourner de cette noble recherche, car s'il y a une misère matérielle que rien ne fera disparaître, il y a une misère morale qui résulte pour l'ouvrier de son abandon et de la croyance en une injustice sociale dont il serait la victime : sentiment, il faut bien le dire, qu'a pu faire naître chez lui un trop long oubli de l'opinion publique et, sur certains points, de la loi. L'amertume de ce sentiment ajoute singulièrement à ce que sa situation peut avoir de pénible, car il n'y a rien qui rende la souffrance intolérable comme la haine. On peut détruire chez lui ce sentiment, et il me sera permis de répéter, cette fois, je pense, sans faire sourire, qu'au mal de la haine il faut opposer le remède de l'amour.

Dans les questions qui tiennent le plus au cœur, il faut se garder de l'esprit de secte. Ce serait obéir à une vue étroite des choses de soutenir que l'amour du prochain date de l'avènement du christianisme et que les chrétiens sont seuls à le pratiquer. Ce sentiment a ses racines au plus profond du cœur de l'homme. La philosophie qui le défigure sous le nom d'altruisme a le droit d'y reconnaître un de ces instincts permanents de l'humanité qui lui servent de matériaux pour édifier une morale bien fragile. La réalité des faits nous montre chaque jour qu'en dehors du christianisme il y a des hommes qui, obéissant aux mouvements généreux de leur cœur, donnent à certains chrétiens la même leçon que donne au prêtre et au lévite le Samaritain de l'Evangile. Mais la voix qui a dit pour la première fois : « Mes petits enfants, aimez-vous les uns les autres, » n'en a pas moins opéré dans le monde une grande révolution morale. Le christianisme est en effet la seule religion qui ait fait de l'amour du prochain une loi de la conscience et un instrument du salut. Aussi la source féconde de la charité chrétienne ne s'est-elle jamais tarie ; elle a continué de couler dans les siècles les plus arides, et ses flots sont aujourd'hui plus abondants que jamais. Il n'y a point de philosophie qui puisse inspirer des dévouements pareils à ceux que la foi fait naître chez les âmes les plus humbles, parfois chez les natures les plus grossières et les chrétiens ont le droit de reprendre le cri éloquent de Michelet : Dites, si vous le savez, s'est-il élevé un autre autel ?

Aussi assistons-nous à une évolution curieuse. Depuis vingt ans, le christianisme a perdu beaucoup de son empire sur les esprits, mais il est en train de le reconquérir sur les âmes. L'humanité lui demande s'il ne connaîtrait pas un remède aux maux dont elle s'étonne aujourd'hui de souffrir après les avoir si longtemps supportés. Plus qu'aucune autre fraction de la grande Église chrétienne, l'Église catholique, avec son clergé démocratique, avec ses milices charitables qui se recrutent dans les entrailles du peuple, est en mesure de répondre à cette demande. Il semble que le monde civilisé commence à concevoir un vague soupçon du rôle immense qui pourrait revenir à l'Église catholique dans la grande œuvre de la pacification sociale, et nous voyons sur ce point plus d'un symptôme significatif. Je ne parle pas de l'Amérique, où les évêques ont pris ouvertement parti pour certaines associations ouvrières, menacées de condamnations doctrinales ; mais l'Angleterre elle-même, où le cri de *no popery* a si longtemps traduit les préjugés ou les fureurs populaires, vient de nous faire assister à un singulier spectacle : le 4 mai, jour de la grande démonstration ouvrière en faveur des huit heures de travail, on a pu voir promener dans les rues de Londres le portrait du cardinal Manning peint sur une bannière et personne ne s'en étonnait, car le souvenir de son intervention bienfaisante dans la grève des docks était présent à la mémoire de tous les ouvriers. En Allemagne, dans ce pays qui a donné à la France l'exemple trop fidèlement suivi du Culturkampf, un prince-évêque était appelé naguère par un empereur protestant à faire partie d'une grande conférence internationale et il a présidé avec autorité une des sections les plus importantes de cette conférence. Pourquoi faut-il que des leçons aussi instructives soient perdues pour la France et qu'une hostilité ouverte ou une sotte méfiance paralyse l'action du clergé et le condamne à l'inertie ? Croit-on que le jour où la grève deviendrait menaçante, où les pierres commenceraient à voler en l'air, où les balles des chasse-pots seraient prêtes à partir, pour se jeter entre les combattons, pour désarmer les colères et incliner les cœurs à la paix, la soutane d'un évêque ne vaudrait pas l'uniforme d'un préfet ? Cette hostilité et cette méfiance tiennent le clergé à l'écart de nos luttes sociales où il n'intervient que par l'action personnelle et bienfaisante de quelques membres isolés. Mais c'est, au contraire, l'honneur des catholiques laïques de s'être jetés avec ardeur dans le mouvement et d'avoir eu l'intelligence du rôle qu'ils peuvent être appelés à y jouer. S'ils avaient eu besoin d'encouragement, ils auraient reçu celui qui est pour eux le plus puissant de tous. La grande voix du Vatican s'est fait entendre et en même temps qu'elle accroissait leur ardeur, elle prescrivait à chacun son devoir : aux patrons « de considérer l'ouvrier comme un frère, d'adoucir son sort dans les limites du possible par des règlements équitables et surtout de ne se départir jamais à son égard et à son détriment des règles de l'équité et de la justice, en visant à des profits et à des gains rapides et disproportionnés ; » aux ouvriers « de se soumettre avec résignation au travail et à ses conséquences pénibles, de se montrer toujours paisibles et respectueux envers les patrons et de s'abstenir de tout acte capable de troubler l'ordre et la tranquillité ; » aux pouvoirs publics, enfin, de s'abstenir de toute intervention inutile « quand, dans les conditions qui règlent le travail et l'exercice de l'industrie, il ne se rencontre rien qui offense la moralité, la justice, la dignité humaine, la vie domestique de l'ouvrier. » Langage admirable de charité et de mesure et qui est bien fait assurément pour donner confiance dans l'influence bienfaisante de l'église sans qu'il soit besoin pour cela de rêver un pape socialiste.

Mais, en raison même des encouragements qu'ils ont reçus, et des espérances qu'elle peut faire naître, il faut que l'intervention des catholiques, et je dirai généralement de tous ceux qui se jettent dans la mêlée, inspirés par la seule ardeur de leur chanté, soit judicieuse, réfléchie, exempte d'exagérations. Dans certaines formes qu'a prises récemment cette intervention, j'aperçois un danger que je crois devoir signaler en terminant. A ceux-là mêmes dont on embrasse la cause, ce n'est pas rendre un bon service que d'entretenir leurs illusions et d'épouser leurs colères ; car l'illusion et la colère sont également mauvaises conseillères. Dénoncer comme un scandale qui ne saurait subsister la continuation d'un état social où les quatre cinquièmes de la population souffrent et travaillent pour augmenter les jouissances d'un cinquième et opposer au « spectacle de la tourbe humaine aux prises avec les tortures de la faim, livrée aux hideuses privations de la misère, aux pleurs, à l'accablement des corps et des âmes, à l'agonie de l'impuissance et du désespoir, » celui d'une bourgeoisie repue et satisfaite, et faire entrevoir à ces bourgeois qu'au jour de la victoire « quelques enragés pourraient être tentés de leur couper la tête, » tout en leur promettant d'être là pour les protéger, c'est tenir un langage malsain, dangereux, dont l'ardeur d'une commisération désintéressée est la seule excuse. Cela peut sembler étrange et superflu à rappeler, mais cette charité, au sens élevé du mot, que les patrons ont le devoir de pratiquer vis-à-vis de leurs ouvriers, c'est un devoir de la pratiquer également vis-à-vis des patrons. Il y a, en effet, quelques-uns de nos réformateurs, étrangers cependant aux passions et aux convoitises populaires, qui se laisseraient volontiers entraîner à dire comme les orateurs de certains congrès collectivistes : le capital, c'est l'ennemi. Sans cesse, en effet, ils le dénoncent, l'accablent de reproches, parfois d'invectives et lorsqu'on les pousse un peu, ils arrivent jusqu'à dire qu'ils veulent le supprimer, c'est-à-dire, je pense, attribuer aux ouvriers les bénéfices qui, dans l'organisation industrielle d'aujourd'hui, sont prélevés par les patrons. Arrivé au terme de cette étude, je ne m'arrêterai pas à discuter cette étrange théorie ni à démontrer combien le capital est nécessaire à l'industrie, non pas seulement le capital qui vient s'incorporer en elle et augmenter sa puissance productive sous la forme d'ateliers et de machines, mais le capital mobile qu'elle trouve à sa disposition au moment de ses besoins et qui lui prête ses services moyennant un juste loyer. Mais je veux dire combien est injuste cette guerre morale faite au capital. D'une façon générale, en France, le capital remplit ses devoirs vis-à-vis du travail. Ce que démontre l'étude attentive des faits, c'est que là où le capital trouve de ses avances une large rémunération, là aussi le travail est heureux ; là, au contraire où il y a gêne et perte pour le capital, là également, il y a souffrance, crise, parfois désastre pour le travail. Ce sont les sociétés anonymes les plus prospères, ce sont les patrons les plus riches qui font le plus pour les ouvriers. Ce sont les sociétés en détresse ou les patrons misérables qui se montrent les plus durs. Ce résultat de l'expérience, qui devrait bien mettre un terme aux déclamations contre le capital, confirme une fois de plus la grande loi économique et morale de l'harmonie des intérêts. Toute mesure, tout langage qui tendent à détruire cette harmonie sont mesure et langage néfastes.

Il en est particulièrement ainsi de cette campagne entreprise contre une race petite par le nombre, mais grande par les souvenirs, qui s'est montrée d'une habileté singulière à conquérir le capital et qui de cette conquête détient une part assurément disproportionnée avec son importance numérique. Qu'il y ait des prétextes à ce déchaînement, que dans les luttes inévitables qui s'engagent à l'intérieur du temple de Mammon, la vieille race des sémites ait apportée peut-être un peu trop d'âpreté, qu'elle ait eu le tort de s'abandonner à l'esprit de représailles et de se mêler d'une façon trop ostensible à la guerre odieuse qu'une minorité sectaire dirige contre les croyances de la majorité de la nation, cela est possible. Mais il ne faudrait pas oublier cependant qu'elle fait avec libéralité participer beaucoup d'œuvres chrétiennes au bénéfice de ses accaparements. En tout cas, ces griefs ne suffiraient pas à justifier la violence, la grossièreté, et sur beaucoup de points l'injustice des attaques auxquelles cette race se trouve en butte aujourd'hui. Cette guerre emprunte quelque chose de plus coupable encore à la couleur religieuse dont on s'efforce de la revêtir. Sans compter qu'au lieu de voir l'ennemi chez le juif, les peuples monothéistes devraient plutôt saluer l'ancêtre, c'est donner en tout cas une singulière preuve de christianisme que de poursuivre de sa haine ceux-là mêmes auxquels, sur sa croix, le Christ a pardonné.

Si c'est devoir de ne pas attiser les colères de ceux dont on veut soulager les souffrances, c'est également prudence de ne pas entretenir chez eux des espérances qu'on se trouverait impuissant à réaliser. Il n'est pas sage de faire luire à leurs yeux l'aurore d'un nouvel état social qui différerait profondément de l'ancien et de promettre au quatrième état qu'avant la fin de ce siècle il verra s'opérer dans sa condition une transformation analogue à celle que la Révolution française a opérée dans la condition du tiers. La Révolution a pu, avec plus ou moins de profit définitif pour la grandeur de la France, briser les cadres factices d'une société déjà ancienne, et à cette organisation vieillie substituer une organisation nouvelle où les droits politiques fussent plus équitablement répartis. Mais ce qu'on commence précisément à lui reprocher de ne pas avoir fait, c'est-à-dire de n'avoir pas transformé la condition matérielle et assuré le bien-être du plus grand nombre, elle ne pouvait pas le faire. Elle ne le pouvait pas parce que les lois sociales ne sont pas factices comme les lois politiques ; elles découlent d'une nécessité inéluctable et d'une dispensation mystérieuse que l'homme est impuissant à changer. « Tu gagneras ton pain à la sueur de ton front » est à la fois une sentence divine et une vérité économique dont les conséquences douloureuses doivent être tempérées par la charité et adoucies par la résignation. La révolution sociale ne serait pas aujourd'hui, suivant une heureuse expression, « une de ces opérations douloureuses dont l'humanité extrait un peu plus de justice. » Ce serait un bouleversement qui entasserait ruines sur ruines et dont l'humanité ne pourrait extraire que souffrances. Ce n'est donc pas à préparer cette révolution qu'il faut convier les hommes de bonne volonté qui s'offrent pour travailler à la grande cause du progrès. Qu'on se garde surtout de donner cette chimère en pâture à la jeunesse et à ses généreuses ardeurs. Depuis le commencement de cette année beaucoup d'éloquentes paroles ont été adressées à ceux qui ont vingt ans, et aussi beaucoup de questions. On leur demande ce qu'ils ne savent pas eux-mêmes, quelle moisson porteront ces champs de l'avenir que leur main va semer, et dans ces champs de plus âgés veulent jeter aussi leur part de semence. On a raison de leur conseiller l'action dans le dévouement et d'ouvrir devant eux la carrière illimitée du devoir social. De tous ces conseils, le plus élevé et le plus pratique à la fois est celui que leur adressait naguère M. Eugène-Melchior de Vogué lorsqu'il les engageait tout simplement à entrer en relations personnelles avec les ouvriers par des lectures et des conférences. Vous leur feriez, ajoutait-il dans sa langue unique, la chanté de votre science ; à ceux qui ont peiné tout le jour sur l'outil, vous donneriez un peu de votre pensée, un peu de rêve à emporter le soir. De votre côté vous apprendriez à connaître ce monde obscur, et comment on y intéresse les esprits, comment on y gagne les cœurs. » Oui, le conseil est bon, et (pour moi, c'est tout dire) digne de celui qui le donnait, car cette charité de la science et du cœur est au-dessus de toutes les autres. Oui, il est bon de proposer comme idéal à cette jeunesse de travailler à faire renaître la paix sociale et à dissiper la haine, car cet idéal n'a rien en soi de chimérique ni de contraire à l'ordre éternel. C'est la haine qui est contraire à l'ordre et qui aggrave la dureté des lois économiques. Il en serait autrement si l'on faisait naître chez ces conscrits de la charité la croyance que des mesures restrictives de la liberté viendront à bout de prévenir des souffrances dont la pensée fait saigner leurs jeunes cœurs comme elle attriste les nôtres. Leur espoir ne tarderait pas à être déçu, car la force des choses a des retours imprévus et prend de terribles vengeances. On peut, pour un temps, suspendre son action, comme on peut par une digue trop faible arrêter momentanément le cours des eaux. Mais vient un jour où la digue cède, et leur ravage est d'autant plus terrible que la digue les avait accumulées en les contenant. Si l'effort réuni des socialistes de toute école engageait ainsi la lutte avec cette force redoutable, le succès éphémère de leur tentative nous préparerait de tristes années. La déception serait en proportion de l'attente et ce siècle honnête et courageux qui a tant lutté, tant souffert, finirait semblable à ce vieillard du tableau de Gleyre qui, assis sur la rive d'un fleuve, voit avec mélancolie une barque lointaine emporter lentement ses jeunes rêves et ses vieilles amours : lui aussi verrait emportées, mais peut-être par un torrent dévastateur, la plus noble de ses espérances et la dernière de ses illusions.

ISBN : 978-1721685011

www.ingramcontent.com/pod-product-compliance
Lightning Source LLC
Chambersburg PA
CBHW072329270726
48658CB00016B/2230